A Kajal Mistry

ARIES

Una guía para la mejor vida astrológica

STELLA ANDROMEDA

ILUSTRACIONES DE EVI O. STUDIO

cincotintas

III.

Quiero saber más

Introducción

En el pronaos del templo de Apolo en Delfos había una inscripción con la frase «Conócete a ti mismo». Se trata de una de las ciento cuarenta y siete máximas, o normas de conducta, de Delfos y se le atribuyen al propio Apolo. Más adelante, el filósofo Sócrates amplió la idea y afirmó que «una vida sin examen no merece ser vivida».

Las personas buscamos el modo de conocernos a nosotras mismas y de encontrar sentido a la vida e intentamos entender los retos que plantea la existencia humana; con frecuencia, recurrimos a la psicoterapia o a sistemas de creencias, como las religiones organizadas, que nos ayudan a entender mejor la relación que mantenemos con nosotros mismos y con los demás y nos ofrecen herramientas concretas para conseguirlo.

Si hablamos de los sistemas que intentan dar sentido a la naturaleza y a la experiencia humanas, la astrología tiene mucho que ofrecernos mediante el uso simbólico de las constelaciones celestes, las representaciones de los signos zodiacales, los planetas y sus efectos energéticos. A muchas personas les resulta útil acceder a esta información y aprovechar su potencial a la hora de pensar en cómo gestionar su vida de un modo más eficaz.

¿Qué es la astrología?

En términos sencillos, la astrología es el estudio y la interpretación de la influencia que los planetas pueden ejercer sobre nosotros y sobre el mundo en el que vivimos mediante el análisis de sus posiciones en un punto temporal concreto. La práctica de la astrología se basa en una combinación de conocimientos fácticos acerca de las características de esas posiciones y la interpretación psicológica de las mismas.

La astrología es más una herramienta para la vida que nos permite acceder a sabiduría antigua y consolidada que un sistema de creencias. Todos podemos aprender a usarla, aunque no tanto como herramienta para adivinar o ver el futuro, sino como una guía que nos ofrece un conocimiento más profundo y una manera más reflexiva de entender la vida. La dimensión temporal es clave en astrología y conocer las configuraciones planetarias y las relaciones entre ellas en puntos temporales concretos puede ayudarnos a decidir cuál es el momento óptimo para tomar algunas de las decisiones importantes en nuestra vida.

Saber cuándo es probable que ocurra un cambio significativo en nuestras vidas como consecuencia de configuraciones planetarias específicas, como el retorno de Saturno (p. 103) o la retrogradación de Mercurio (p. 104), o entender qué significa que Venus esté en nuestra séptima casa (pp. 85 y 98), además de conocer las características específicas de nuestro signo zodiacal, son algunas de las herramientas que podemos usar en nuestro beneficio. El conocimiento es poder y la astrología puede ser un complemento muy potente a la hora de enfrentarnos a los altibajos de la vida y a las relaciones que forjamos por el camino.

Los 12 signos zodiacales

Cada uno de los signos del Zodíaco tiene unas características que lo identifican y que comparten todas las personas que han nacido bajo él. El signo zodiacal es tu signo solar, que probablemente conoces, ya que acostumbra a ser el punto desde el que empezamos a explorar nuestros senderos astrológicos. Aunque las características del signo solar pueden aparecer de un modo muy marcado en la personalidad, solo ofrecen una imagen parcial de la persona.

La manera como nos mostramos ante los demás acostumbra a estar matizada por otros factores que merece la pena tener en cuenta. El signo ascendente también es muy importante, al igual que la ubicación de nuestra Luna. También podemos estudiar nuestro signo opuesto, para ver qué características necesita reforzar el signo solar para quedar más equilibrado.

Una vez te hayas familiarizado con tu signo solar en la primera parte del libro, puedes pasar al apartado Quiero saber más (pp. 74-105) para empezar a explorar las particularidades de tu carta astral y sumergirte más profundamente en la miríada de influencias astrológicas que pueden estar influyéndote.

Los signos solares

La tierra necesita 365 días (y cuarto, para ser exactos) para completar la órbita alrededor del Sol y, durante el trayecto, nos da la impresión de que cada mes el Sol recorre uno de los signos del Zodíaco. Por lo tanto, tu signo solar refleja el signo que el Sol estaba atravesando cuando naciste. Conocer tu signo solar, así como el de tus familiares, amigos y parejas, no es más que el primero de los conocimientos acerca del carácter y de la personalidad a los que puedes acceder con la ayuda de la astrología.

En la cúspide

Si tu cumpleaños cae una fecha próxima al final de un signo solar y al comienzo de otra, vale la pena saber a qué hora naciste. Astrológicamente, no podemos estar «en la cúspide» de un signo, porque cada uno de ellos empieza a una hora específica de un día determinado, que, eso sí, puede variar ligeramente de un año a otro. Si no estás seguro y quieres saber con exactitud cuál es tu signo solar, necesitarás conocer la fecha, la hora y el lugar de tu nacimiento. Una vez los sepas, puedes consultar a un astrólogo o introducir la información en un programa de astrología en línea (p. 108), para que te confeccione la carta astral más precisa que sea posible.

Aries

El carnero

✶

21 MARZO - 20 ABRIL

Astrológicamente, es el primer signo del Zodíaco y aparece junto al equinoccio vernal (o de primavera). Es un signo de fuego cardinal simbolizado por el carnero y el signo de los comienzos. Está regido por el planeta Marte, lo que representa dinamismo para enfrentarse a los retos con energía y creatividad. Su signo opuesto es el aéreo Libra.

Tauro

El toro

✶

21 ABRIL - 20 MAYO

Tauro, con los pies en la tierra, sensual y aficionado a los placeres carnales, es un signo de tierra fijo al que su planeta regente, Venus, ha concedido la gracia y el amor por la belleza a pesar de que su símbolo sea un toro. Acostumbra a caracterizarse por una manera de entender la vida relajada y sin complicaciones, si bien terca a veces, y su signo opuesto es el acuático Escorpio.

Géminis

Los gemelos

✱

20 MAYO – 20 JUNIO

Géminis es un signo de aire mutable simbolizado por los gemelos. Siempre intenta considerar las dos caras de un argumento y su ágil intelecto está influido por Mercurio, su planeta regente. Tiende a eludir el compromiso y es el epítome de una actitud juvenil. Su signo opuesto es el ardiente Sagitario.

Cáncer

El cangrejo

✱

21 JUNIO – 21 JULIO

Representado por el cangrejo y la tenacidad de sus pinzas, Cáncer es un signo de agua cardinal, emocional e intuitivo que protege su sensibilidad con una coraza. La maternal Luna es su regente y la concha también representa la seguridad del hogar, con el que está muy comprometido. Su signo opuesto es el terrestre Capricornio.

Virgo

La virgen

✱

22 AGOSTO – 21 SEPTIEMBRE

Virgo, representado tradicionalmente por una doncella o una virgen, es un signo de tierra mutable, orientado al detalle y con tendencia a la autonomía. Mercurio es su regente y lo dota de un intelecto agudo que puede llevarlo a la autocrítica. Acostumbra a cuidar mucho de su salud y su signo opuesto es el acuático Piscis.

Leo

El león

✱

22 JULIO – 21 AGOSTO

Leo, un signo de fuego fijo, está regido por el Sol y adora brillar. Es un idealista nato, positivo y generoso hasta el extremo. Representado por el león, Leo puede rugir orgulloso y mostrarse seguro de sí mismo y muy resuelto, con una gran fe y confianza en la humanidad. Su signo opuesto es el aéreo Acuario.

Libra

La balanza

*

22 SEPTIEMBRE – 21 OCTUBRE

Libra, un signo aéreo cardinal regido por Venus, es el signo de la belleza, del equilibrio (de ahí la balanza) y de la armonía en un mundo que idealiza y al que dota de romanticismo. Con su gran sentido de la estética, Libra puede ser artístico y artesanal, pero también le gusta ser justo y puede ser muy diplomático. Su signo opuesto es el ardiente Aries.

Escorpio

El escorpión

*

22 OCTUBRE – 21 NOVIEMBRE

Como buen signo de agua fijo, Escorpio es dado a las emociones intensas y su símbolo es el escorpión, que lo vincula así al renacimiento que sigue a la muerte. Sus regentes son Plutón y Marte y se caracteriza por una espiritualidad intensa y emociones profundas. Necesita seguridad para materializar su fuerza y su signo opuesto es el terrestre Tauro.

Sagitario

El arquero

★

22 NOVIEMBRE – 21 DICIEMBRE

Representado por el arquero, Sagitario es un signo de fuego mutable que nos remite a los viajes y a la aventura, ya sea física o mental, y es muy directo. Regido por el benévolo Júpiter, Sagitario es optimista y rebosa de ideas. Le gusta la libertad y tiende a generalizar. Su signo opuesto es el aéreo Géminis.

Capricornio

La cabra

★

22 DICIEMBRE – 20 ENERO

Capricornio, cuyo regente es Saturno, es un signo de tierra cardinal asociado al esfuerzo y representado por la cabra, de pisada firme pero a veces también juguetona. Es fiel y no rehúye el compromiso, aunque puede ser muy independiente. Tiene la disciplina necesaria para una vida laboral como autónomo y su signo opuesto es el acuático Cáncer.

Acuario

El aguador

✸

21 ENERO – 19 FEBRERO

A pesar de que estar simbolizado por un aguador, Acuario es un signo de aire fijo regido por el impredecible Urano, que arrasa con las ideas viejas y las sustituye por un pensamiento innovador. Tolerante, de mente abierta y humano, se caracteriza por la visión social y la conciencia moral. Su signo opuesto es el ardiente Leo.

Piscis

Los peces

✸

20 FEBRERO – 20 MARZO

Piscis tiene una gran capacidad para adaptarse a su entorno y es un signo de agua mutable representado por dos peces que nadan en direcciones opuestas. A veces confunde la fantasía con la realidad y, regido por Neptuno, su mundo es un lugar fluido, imaginativo y empático, en el que acostumbra a ser sensible a los estados de ánimo de los demás. Su signo opuesto es el terrestre Virgo.

Conoce a

I.

Aries

El signo que el Sol estaba recorriendo en el momento en el que naciste es el punto de partida clave a la hora de usar el Zodíaco para explorar tu carácter y tu personalidad.

TU SIGNO SOLAR

Signo de fuego cardinal, simbolizado por el carnero.

El regente de Aries es Marte, el planeta guerrero asociado al dios romano de la guerra.

SIGNO OPUESTO

Libra

LEMA PERSONAL

«Yo soy.»

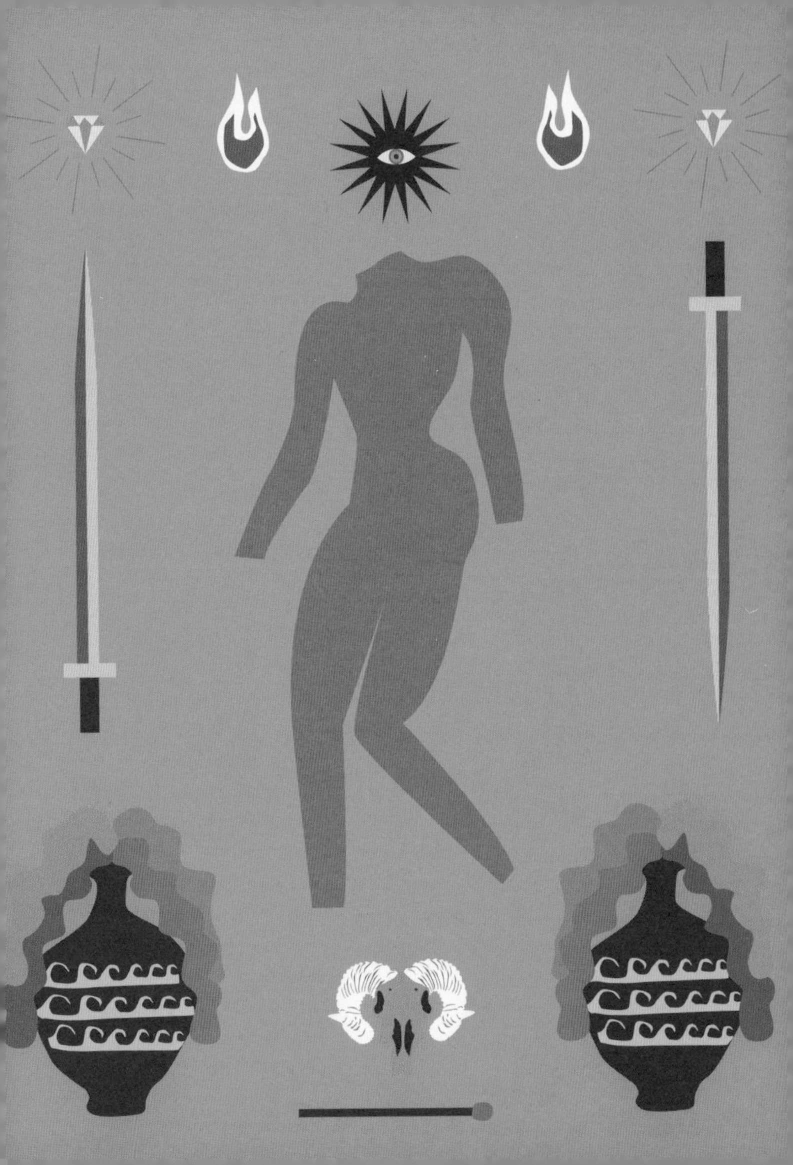

I.

Color

El rojo y todos sus matices conectan con la energía de Aries y de su regente, Marte, también conocido como el planeta rojo. Lleva rojo sobre todo cuando necesites un empujoncito psicológico o un extra de valor. Si no quieres llamar demasiado la atención con un color tan atrevido, opta por accesorios rojos (zapatos, guantes, calcetines, sombrero o incluso ropa interior).

II.

Día

El martes. Sorprendentemente, el día que lleva el nombre de Marte, el dios de la guerra y regente de Aries, no es el primero de la semana.

III.

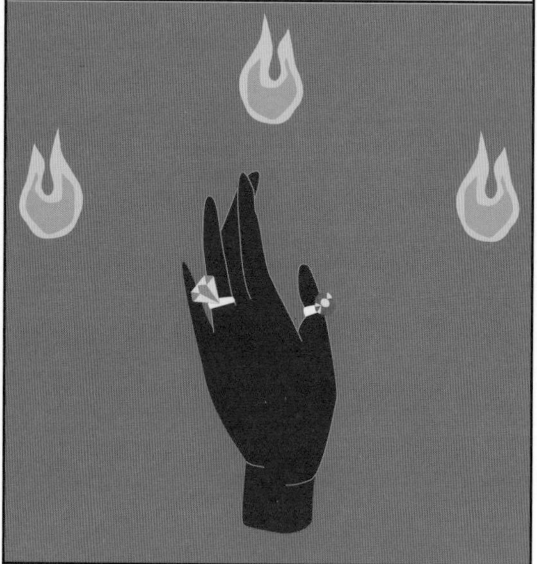

Piedra preciosa

El diamante y el rubí. Son joyas potentes y afirmativas, las cualidades cardinales de Aries. Los diamantes brillan con un fuego interior, como corresponde a un signo de fuego, y los rubíes arden y resplandecen con energía roja.

IV.

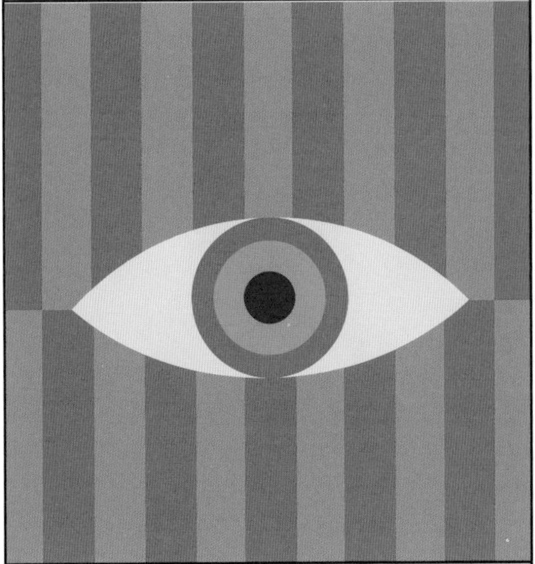

Ubicaciones

Las industriosas y dinámicas naciones de Inglaterra, Alemania, Polonia y Zimbabue son ejemplos de países regidos por Aries y, en consecuencia, beneficiosas astrológicamente. Mientras que entre las ciudades se cuentan: Florencia, Leicester, Nápoles, Marsella y Georgia.

V.

Vacaciones

Aries prefiere el calor y la aventura, por lo que no es habitual verlo tendido en la playa. Es mucho más probable encontrarlo explorando el casco antiguo de Marsella, haciendo montañismo en Ladakh, practicando yoga en Santa Fe o ascendiendo a la Acrópolis de Atenas. Si no está activo físicamente, lo estará mentalmente y leerá libros acerca de viajes y aventuras.

VI.

Flores

Geranios, amapolas y rosas rojas. Elije flores que sean tradicionalmente rojas para reforzar el poder de Aries.

VII.

Árboles

Como Aries es tan claro y va directo al grano, este signo se asocia a árboles espinosos, como el granado, la acacia o el endrino.

VIII.

Mascotas

Es probable que el perro sea la mascota predilecta de Aries, por su lealtad y porque incluso las razas más pequeñas están orientadas a la acción y necesitan paseos diarios. Los perros también ofrecen compañía a este signo tan sociable y generan oportunidades para relacionarse con otras personas.

IX.

Fiestas

Dada su preferencia por la acción, una cena discreta no es precisamente la idea que Aries tiene de una celebración. Bailar hasta el amanecer en una *rave* ibicenca se le acerca bastante más, y no necesitará estimulantes artificiales para pasárselo bien. Aries no necesita motivos especiales para ir de fiesta, cualquier excusa (¡Por fin es viernes!) le vale. Y no necesitará más combustible que un spritz veneciano, un mojito de arándanos o una copa de sangría acompañados de unos cuantos cacahuetes.

Las características de Aries

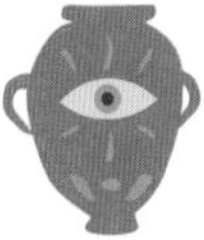

Los calificativos clave para los que han nacido bajo el signo de Aries son: independiente, aventurero y extrovertido. Acostumbran a ser directos, a veces hasta el punto de ser bruscos, y su entusiasmo y su aceptación inmediata de toda idea nueva o plan de acción tiene cierta cualidad infantil. Eso sucede porque Aries es el primer signo del Zodíaco y representa el comienzo y el nacimiento del año nuevo.

El niño proverbial se puede tomar las cosas al pie de la letra y los matices de la ironía se le escapan con frecuencia, por lo que, cuando se trata con Aries, ser directo acostumbra a ser lo mejor. Como signo de fuego, Aries puede activar la acción y la motivación en los demás, pero, al igual que el fuego, necesita que los demás lo alimenten con ideas nuevas y muestras de apoyo para terminar lo que empieza.

Aunque lanzar planes e inspirar a otros es algo natural para Aries, a veces le cuesta tener la paciencia necesaria para perseverar. Trabajar en equipo también puede ser un problema, porque Aries tiende a creer que sabe más que el resto, una creencia que no siempre está acompañada de la capacidad para ser diplomático. Tiende a estar centrado en sí mismo y ser su propio jefe puede ser importante para él, así que puede ser bastante emprendedor; además, le resulta más fácil perseverar en sus propios planes e ideas que en los de otros. Con frecuencia, si las cosas se hacen es porque las han tenido que hacer otros, así que delegar se le da muy bien, aunque pobre del que no esté a la altura de las exigentes expectativas de Aries.

El amistoso y extrovertido Aries siempre quiere compartir con los demás lo que le resulta interesante, tanto en persona como en redes sociales. También puede ser sorprendentemente intuitivo y perspicaz en sus relaciones con los demás, por lo que engañarlo puede ser complicado. Tiende a ser atractivamente abierto y directo, tanto de pensamiento como de palabra, y no acostumbra a actuar con reserva o secretismo. Tampoco acostumbra a mentir y, cuando lo hace, suelen ser mentiras piadosas o más bien intrascendentes, no grandes engaños. Lo que ves es, muy probablemente, lo que hay.

La otra cara de la moneda de Aries es su franqueza, que puede llegar a ser ofensiva; su manera de hacer tan directa, que puede rozar la mala educación; su afición a dar órdenes, que puede resultar intimidante; su desconsideración por los sentimientos de los demás y la ausencia de la diplomacia natural que caracteriza a su signo opuesto, Libra.

TEMPLAR EL FUEGO

Las características clave de cualquier signo Solar se pueden ver equilibradas (y en ocasiones reforzadas) por las características de otros signos en la misma carta astral, sobre todo los que corresponden al ascendente y a la Luna. Eso explica que pueda haber personas que aparentemente no acaban de encajar en su signo solar. Sin embargo, los rasgos Aries básicos siempre estarán ahí como una influencia clave e informando el modo de entender la vida de la persona.

La parte física de Aries

Físicamente, Aries tiende a moverse con rapidez y decisión y los deportes se le suelen dar bien, aunque son mejores *sprinters*, tanto literal como metafóricamente hablando, que corredores de fondo: son muy rápidos a la salida, pero no necesariamente perseveran hasta el final de una carrera larga. Al igual que el carnero, que embiste a sus oponentes, Aries funciona con la cabeza y es susceptible a los dolores de cabeza y las migrañas, o a sufrir heridas en la cabeza. Podríamos aplicar la expresión «lanzarse de cabeza» al tipo de temeridad que arredraría a los signos más precavidos, pero que puede llevar a Aries a la cima de la profesión que elija.

Salud

Como Aries rige la cabeza, las cefaleas y las migrañas pueden ser un problema que, además, se puede deber al sobreesfuerzo. Por otro lado, todo ese gasto de energía ayuda a Aries a mantener un peso saludable y a estar fuerte. Aprender a dosificarse y a no sobrepasarse es una buena manera de equilibrar los arranques de energía y, como el exceso de actividad mental puede provocar preocupación y ansiedad, aprender a meditar podría ser una buena manera de evitar acabar quemado.

Ejercicio físico

Por lo general, Aries se aburre en el gimnasio, aunque centrarse en el cuerpo haciendo yoga o nadando le ayudará a apaciguar el fuego interior. Tiende a embarcarse en regímenes de ejercicio breves y a muchos les gusta caminar o incluso correr, en parte para llegar antes a su destino, e incluir un paseo diario es una buena manera de que Aries haga ejercicio.

Cómo se comunica Aries

Es muy fácil identificar cómo se comunica de Aries, tanto verbalmente como por escrito, porque lo hace de una manera muy directa, con un lenguaje corporal alerta y una mirada franca. En las reuniones, espera que los demás sean tan directos como él y, en ocasiones, le cuesta entender los matices y la sutileza de su signo opuesto, Libra, porque le parece que ralentiza el progreso. Sin embargo, como a veces puede ser muy intuitivo con los demás, si Aries consigue dominar su impaciencia puede resultar muy útil a la hora de garantizar que las reuniones avancen, aunque en ocasiones sea delegando con astucia. Ser consciente de que tiende a abalanzarse sobre las situaciones «como un elefante en una cacharrería» puede ayudar a Aries a gestionar mejor las situaciones, a aprender a detenerse unos instantes y escuchar activamente a los demás. A veces, la manera más rápida de llegar es dar un rodeo. Siempre es cuestión de equilibrio.

La carrera profesional de Aries

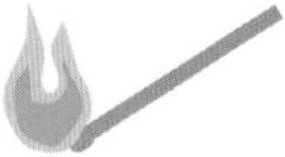

El competitivo y físico signo de fuego que es Aries emprende con frecuencia profesiones relacionadas con el deporte, no solo como deportista, sino también en cualquier profesión relacionada con él, como el periodismo deportivo. Su afición por el detalle puede llevarlo a otros tipos de periodismo o a profesiones que requieran la capacidad de tomar decisiones, como la de médico. Sin embargo, es poco probable encontrar a Aries estudiando durante años solo en una biblioteca, porque, a corto plazo, está más orientado a la acción y a los objetivos que a los detalles. El ejército también puede resultar atractivo a quienes están bajo la influencia de Marte, el dios de la guerra, al igual que otras profesiones que exijan nervios de acero y que los pueden llevar a otras áreas complicadas y arriesgadas.

Su actitud innovadora e intuitiva hace de Aries un buen líder, capaz de inspirar a otros con sus ideas atrevidas. Sin embargo, con frecuencia necesitan que sean otros quienes afinen los detalles y ofrezcan los resultados. Esto significa que Aries acostumbra a ocupar el papel de jefe tradicional (donde delegar con inteligencia es importante) o a fundar empresas innovadoras donde puedan desarrollar su espíritu emprendedor.

La compatibilidad de Aries

Ya hablemos de amor o de amistad, ¿cómo se lleva Aries con los otros signos? Conocer a otros signos y cómo interactúan entre ellos puede resultar útil a la hora de gestionar relaciones, porque entenderemos qué características de los signos solares armonizan o chocan entre sí. La estructura astrológica nos ayuda a tomar conciencia de ello, lo que puede resultar muy útil porque despersonaliza las posibles fricciones y suaviza lo que parece ser opuesto.

Es posible que el impaciente Aries deba aprender a armonizar las relaciones, algo que dependerá del resto de influencias planetarias en su carta astral, que matizarán o intensificarán distintos aspectos de las características del signo solar, sobre todo las que, en ocasiones, pueden chocar con otros signos.

La mujer Aries

Tiende a ser una amiga y una amante franca: si le gustas, te lo hará saber; pero cuando la historia de amor termine, también se asegurará de que lo sepas. Es leal, pero poco sentimental, y acostumbra mantener la amistad con sus ex parejas, porque no guarda rencor y siempre valora las buenas cualidades que percibe en los demás.

MUJERES ARIES DESTACADAS

Aunque Scarlett O'Hara sea un personaje de ficción, es el epítome de la mujer Aries, con su actitud optimista e inmune al desaliento («¡Ya lo pensaré mañana!») y la lealtad a sus orígenes. Otras indomables mujeres Aries son la primatóloga Jane Goodall, las actrices Jessica Chastain y Emma Thompson, la cantautora Lady Gaga o la diseñadora de joyas Paloma Picasso, y entre las añoradas están la poeta Gabriela Mistral y la reina del soul, Aretha Franklyn.

El hombre Aries

Al igual que la mujer Aries, el hombre Aries puede ser leal hasta el extremo y, si eres su pareja, esperará que tú te comportes igual. Sin embargo, el gusanillo de la libertad puede llevarlo a no comprometerse del todo hasta que está verdaderamente seguro de su pareja. Y, cuando eso suceda, no cabrá duda de ello.

HOMBRES ARIES DESTACADOS

Marlon Brando, con su carisma, su espíritu libre, su aspecto dinámico y actitud directa, además de su intensa sexualidad, es el ejemplo perfecto de hombre Aries. Otros son el cantante Roberto Carlos, Robert Downey Jr., James Franco, Andy García y Russell Crowe.

¿Quién qui

e a quién?

Aries y Aries

Puede ser una unión apasionada, aunque con dos egos tan tercos es fácil que acaben luchando por ocupar la primera posición. Esta combinación funciona mejor cuando ambos tienen intereses ajenos a la pareja y disponen de espacio para disfrutar de su independencia, ya sea en su vida social o profesional.

Aries y Tauro

El equilibrado Tauro se siente atraído por el fuego de Aries, pero a veces le cuesta asimilar su anhelo de independencia. Por su parte, Aries puede tardar en valorar la fiabilidad de Tauro, por lo que este emparejamiento requiere capacidad de negociación por ambas partes.

Aries y Géminis

El aire da oxígeno al fuego, por lo que la compatibilidad entre el dinamismo de Aries y el ingenio de Géminis es inmediata. Y, como a ambos les encanta hablar, jamás se aburrirán juntos, aunque a veces puedan competir por la atención.

Aries y Cáncer

La atracción sexual en esta combinación de signo de fuego y signo de agua puede echar chispas, pero la tendencia de Cáncer a mostrarse a la defensiva puede cohibir a Aries, que en ocasiones puede querer salir huyendo de la afición a la vida doméstica del cangrejo.

Aries y Leo

Dos corazones ardientes y honestos pueden hacer muy buena pareja, siempre que ambos dejen espacio para el ego del otro. Les irá bien mantener una actitud juguetona, mientras que una buena dosis de admiración mutua los mantendrá contentos a los dos.

Aries y Virgo

No es una combinación fácil, porque Aries puede sentirse limitado por la necesidad de orden de Virgo, que, a su vez, puede desconfiar de la espontaneidad de Aries. De todos modos, si lo tienen en cuenta, las cualidades positivas del uno y el otro pueden enriquecerlos a los dos.

Aries y Escorpio

Escorpio tiende a ser posesivo, lo que puede apagar el ardor libre de Aries. Sin embargo, la química entre los dos es muy potente, porque su compatibilidad física es evidente, y la relación puede funcionar muy bien en el marco de una admiración intelectual mutua.

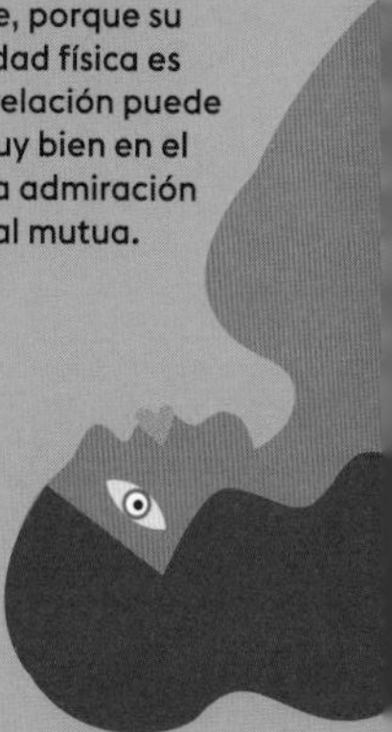

Aries y Libra

La actitud pacífica y diplomática de Libra puede hacer que se sienta inseguro ante el anhelo de acción y de confrontación de Aries, pero la cualidad aérea de Libra puede alimentar la llama de Aries y crear una atracción potente y poco convencional a corto plazo, si no a largo.

Aries y Sagitario

Si hablamos de parejas temperamentales, estos dos signos de fuego son muy compatibles y, si consiguen que las cosas vayan bien en el dormitorio, es una relación que puede funcionar muy bien, porque ambos tienden al optimismo, la espontaneidad y la franqueza.

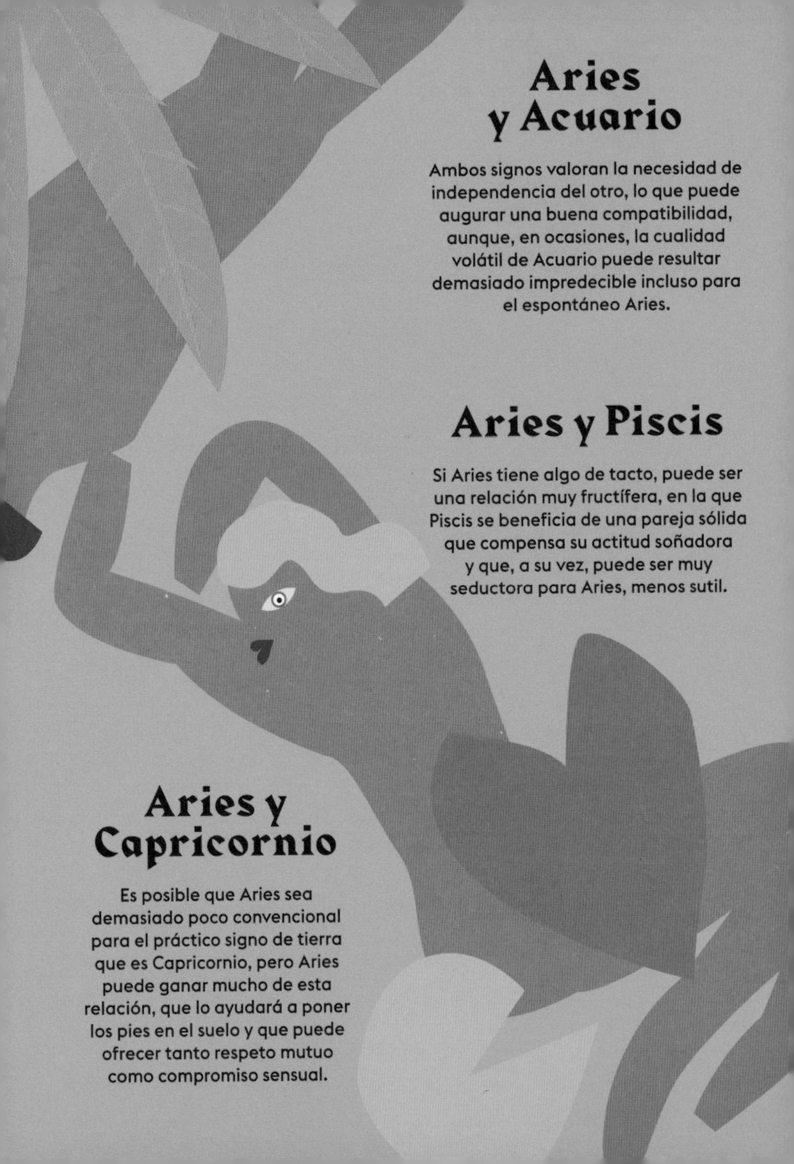

Aries y Acuario

Ambos signos valoran la necesidad de independencia del otro, lo que puede augurar una buena compatibilidad, aunque, en ocasiones, la cualidad volátil de Acuario puede resultar demasiado impredecible incluso para el espontáneo Aries.

Aries y Piscis

Si Aries tiene algo de tacto, puede ser una relación muy fructífera, en la que Piscis se beneficia de una pareja sólida que compensa su actitud soñadora y que, a su vez, puede ser muy seductora para Aries, menos sutil.

Aries y Capricornio

Es posible que Aries sea demasiado poco convencional para el práctico signo de tierra que es Capricornio, pero Aries puede ganar mucho de esta relación, que lo ayudará a poner los pies en el suelo y que puede ofrecer tanto respeto mutuo como compromiso sensual.

La escala del amor de Aries

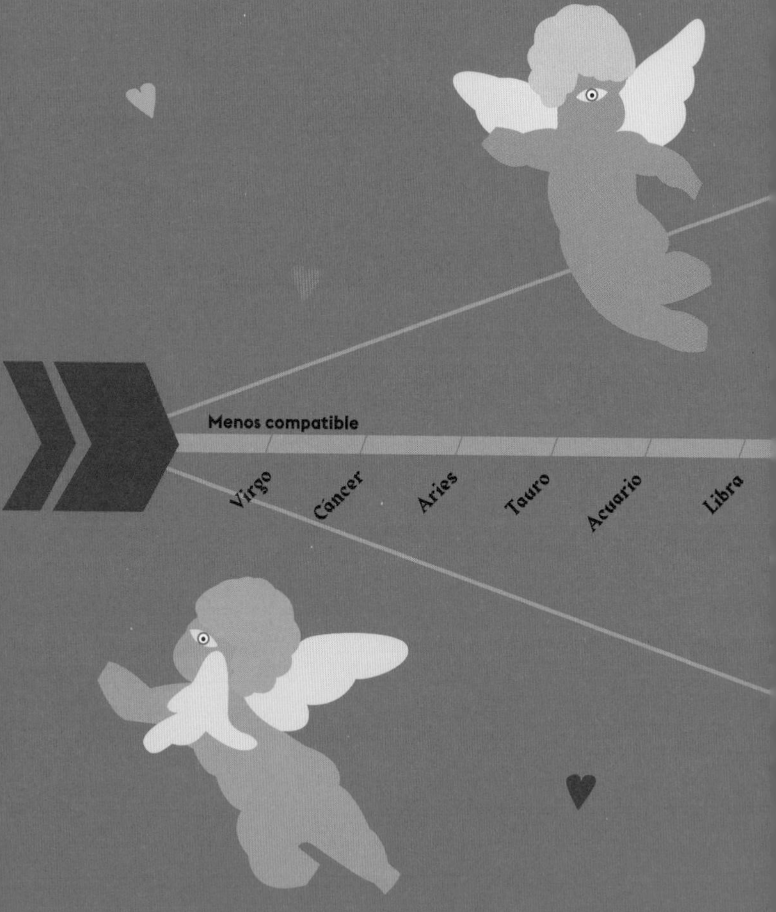

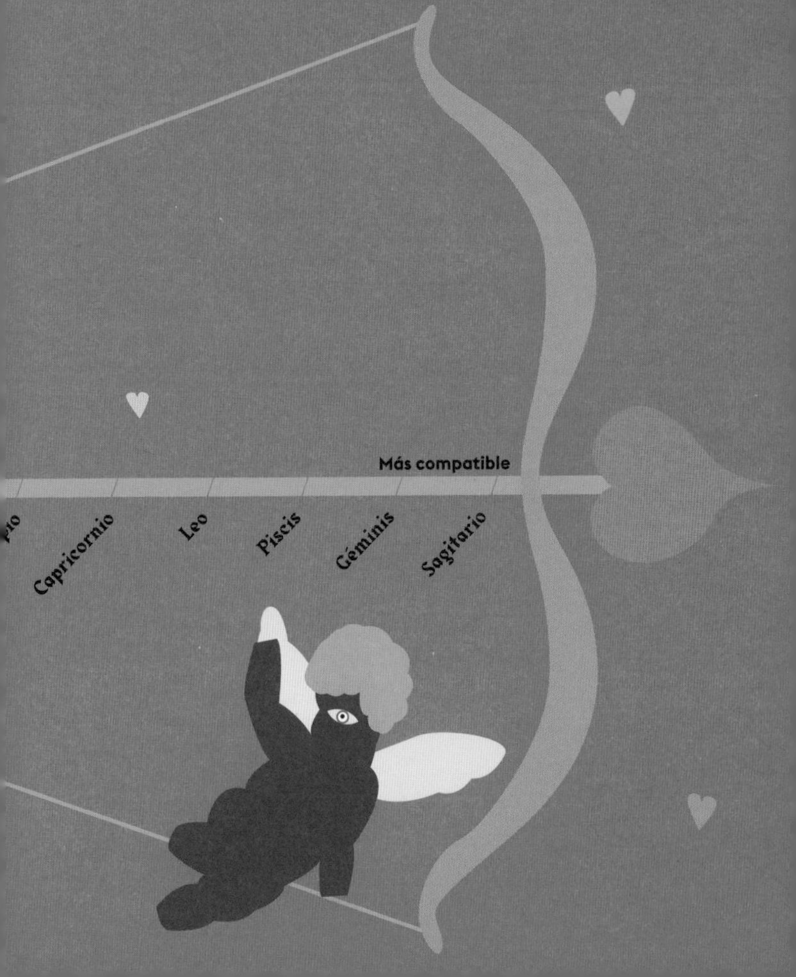
Más compatible
Capricornio
Leo
Piscis
Géminis
Sagitario

Aries

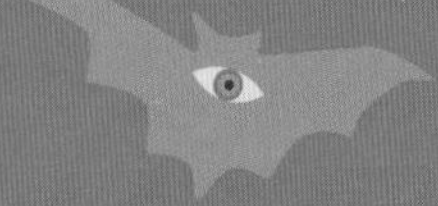

II.

en profundidad

En esta sección, profundizaremos en cómo puede estar impulsándote o reteniéndote tu signo solar y empezaremos a pensar en cómo puedes usar ese conocimiento para escoger tu camino.

El hogar de Aries

El hogar de Aries es su castillo, pero también el lugar que abandona continuamente para salir al mundo en busca de fama, fortuna o aventuras. Por eso, a veces puede parecer muy funcional o incluso minimalista. Le gustan las cosas bonitas, pero muy al estilo de William Morris (también Aries), que dijo: «No tengas en casa nada que no sepas que es útil o que no te parezca bello».

Aunque tienda al monocromatismo, puede haber notas de color rojo, por ejemplo en una cafetera u otros objetos de menaje, cortinas, alfombras, cojines, lámparas o incluso una acogedora puerta de entrada de color rojo.

Por mucho que le guste salir de casa, Aries siempre regresa, porque es ahí donde recupera energía y hace acopio de fuerzas para enfrentarse al mundo de nuevo. El corazón de su casa puede ser un fuego de verdad, en un reflejo de su ardiente naturaleza, quizás en la forma de una estufa Aga o de madera, o de una chimenea.

TRES CONSEJOS PARA CUIDARSE

- Equilibra toda esa exuberancia de Aries con la práctica del yoga, para recuperarte.
- Tomar con regularidad tentempiés de índice glucémico bajo te ayudará a mantener estables los niveles de energía.
- Instaura una rutina de sueño que mejore activamente la calidad del sueño.

Cuidados personales

Aries puede ser algo impredecible en lo que concierne a los cuidados personales, en parte porque su entusiasmo por la vida lo lleva a hacer sobreesfuerzos y acaba quemándose. Como Aries tiende a ser fuerte y a gozar de buena salud, la da por sentada y, a veces, la maltrata. Espera ser joven y aventurero eternamente: ese señor que acaba de cumplir 60 años y ha decidido aprender a ir en monopatín es, probablemente, Aries. Cuando se centra en un proyecto nuevo, puede llegar a olvidarse de comer, no dormir lo suficiente y renunciar al tiempo libre.

En cuanto a las dietas y el ejercicio físico, se puede obsesionar un poco cuando empieza una o uno nuevos (ya se trate de Pilates, de levantamiento de pesas, de la dieta paleolítica o del veganismo), pero acostumbra a excederse o a aburrirse y, entonces, lo deja. Esta manera de hacer puede complicarle la vida a Aries en lo que respecta a mantener una buena salud física y mental, pero ser consciente de ello puede resultarle extraordinariamente útil e incluso convencerlo de instaurar cierta rutina para conservar la energía. Establecer objetivos más pequeños y accesibles para mejorar la salud y la forma física puede sonar aburrido, pero a largo plazo es muy efectivo.

TRES IMPRESCINDIBLES EN LA DESPENSA DE ARIES

* Chiles secos, para dar una chispa instantánea a las salsas de tomate.
* Pimientos rojos, para ahuyentar los malos humores; arroz integral para obtener energía.
* Jugo de remolacha para mejorar la digestión y ayudar al hígado.

Aries: la comida y la cocina

La comida es importante para Aries. Al fin y al cabo, necesita mucho combustible. Acostumbra a ser un cocinero competente, si bien espontáneo, aunque la alta cocina le parece demasiado trabajosa y prefiere un buen filete poco hecho o una reconfortante sopa de verduras. Es un signo de fuego, por lo que no le incomoda el calor de la cocina, un espacio que le resulta natural. Y como es un signo impaciente, la lenta cocción de un risotto le puede resultar aburrida. Prefiere la comida salada y picante o especiada y es fácil encontrarlo elaborando un curry, una contundente sopa de tomate o un buen rosbif. Es un signo social y disfruta cocinando para la familia y los amigos, porque cree que la comida es más que un combustible y que se ha de compartir y disfrutar con generosidad.

TRES CONSEJOS SOBRE EL DINERO

- Instaura un plan de ahorro regular que se adapte automáticamente a los ingresos.
- Evita derrochar demasiado cuando las cosas te vayan bien.
- Asegúrate de que puedes permitirte cualquier apuesta arriesgada.

Cómo gestiona el dinero Aries

No suele tener problemas para ganarse la vida, porque es muy trabajador. Sin embargo, como vive en el momento, ahorrar para el día de mañana no es algo que se le dé demasiado bien. Por otro lado, les gusta el riesgo y las apuestas pueden llegar a ser un problema para Aries, ya se trate de comprar un número de lotería o de pedir un préstamo considerable para un proyecto. De todos modos, gracias a su habilidad de liderazgo natural, es muy probable que sus apuestas resulten ganadoras, siempre que haya considerado cuidadosamente los riesgos. Y si gana no será porque haya tenido suerte, sino por todo el esfuerzo que habrá invertido.

Como primer signo del Zodíaco, Aries puede ser muy emprendedor, con todos los riesgos que eso entraña, pero con su energía puede motivar a equipos de personas y alcanzar el éxito en grandes empresas. Juega con el mismo ímpetu con el que trabaja y acostumbra a mostrarse muy generoso. Puede pagar la cuenta de otros para participar en la celebración de un logro, pero se puede sentir decepcionado cuando descubre que esta manera de hacer no es de ida y vuelta.

Aries y su jefe

A Aries le gusta mandar y a veces le cuesta seguir instrucciones o cumplir las órdenes de sus jefes. Sin embargo, también es muy intuitivo y, si es inteligente, se morderá la lengua y averiguará las motivaciones del jefe formulándole un par de preguntas directas para asegurarse de que entiende bien lo que ha de hacer antes de dar rienda suelta a la energía que lo caracteriza. Y esto es muy importante, porque Aries tiende a actuar antes de pensar y suele estar convencido de que sabe más que cualquier otro en la sala. Y a veces tienen razón, pero tiende a querer hacer las cosas a su manera, lo que no siempre ofrece los resultados que quería el jefe.

A pesar de todo, puede ser un excelente jugador de equipo, aunque siempre preferirá liderarlo, y su energía naturalmente elevada puede motivar mucho al resto. Si el ego del jefe de Aries no se ve amenazado por su brioso subordinado, trabajarán muy bien juntos. La intuición de Aries le puede resultar muy útil en este aspecto y, sumada a la gran capacidad de trabajo que acostumbra a demostrar, puede convertirlo en un empleado muy valorado... ¡hasta que lo ascienden y sustituye a su jefe!

TRES CONSEJOS PARA TRATAR AL JEFE

- Pulsa el botón de pausa, escucha lo que te digan, toma notas y asegúrate de haber entendido bien las instrucciones antes de empezar.
- Dosifícate y da tiempo a los demás para que sigan el ritmo de tus ideas.
- Cumple con tus compromisos sin crear problemas a los demás.

TRES CONSEJOS PARA UNA VIDA MÁS FÁCIL

- Acepta que para vivir en armonía hay que negociar.
- Baja el ritmo el tiempo suficiente para disfrutar de la comodidad del hogar.
- Acaba las tareas y no te dejes distraer por otras cosas.

Vivir con Aries

Aries es uno de los signos más directos del Zodíaco y su tendencia a decir lo que piensa y siente puede ser beneficiosa a la hora de gestionar las relaciones domésticas, ya se trate de compañeros de piso o de parejas sentimentales, aunque es posible que las personas más sensibles los consideren absolutamente carentes de tacto. No acostumbra a pedir a los demás nada que no esté dispuesto a hacer él mismo, pero eso significa que le gusta que las cosas se hagan a su manera. Y, como acostumbra a ser impaciente, se encarga de hacer la colada porque es más rápido que esperar a que la haga otro. Lo bueno es que no se lo suele echar en cara a las personas que quiere.

Su manera de organizarse puede ser algo caótica, lo que puede irritar a los compañeros de piso más ordenados, y gracias a sus arranques de energía puede hacer mucho en poco tiempo, aunque solo hasta que se vuelve a distraer. Esta manera de hacer turbulenta puede alterar a los signos más apacibles o pedantes, mientras que la falta de sentimentalidad de Aries puede llevarlo a deshacerse de lo que le parece un trasto pero que, en realidad, es muy importante para el otro. Esto puede causar fricciones, así que vale la pena que Aries pregunte antes de tirar nada, para ir sobre seguro.

Aries y las rupturas

Aries es un amante muy leal e, incluso si han sido ellos quienes han decidido poner fin a la relación, les puede resultar difícil desvincularse del todo. Acostumbran a intentar mantener la amistad y les cuesta entender que un ex no quiera volverlos a ver nunca más. Si es la parte rechazada, se sentirá herido y, con frecuencia, sorprendido, por lo que insistirá y preguntará para saber y entender lo sucedido, aunque la verdad sea aún más dolorosa. De todos modos, no suele guardar rencor, porque sabe que si ha amado y ha sido amado en el pasado, volverá a amar. Aries es optimista por naturaleza y cree que solo es cuestión de tiempo que la siguiente gran historia de amor aparezca en el horizonte.

TRES CONSEJOS PARA UNA RUPTURA MÁS FÁCIL

- Intenta tener tacto y no ser demasiado directo cuando pongas fin a una relación.
- Date tiempo para procesar las emociones, ya sean de alivio, tristeza o ira, antes de iniciar otra relación.
- También dale a tu ex tiempo suficiente para recuperarse antes de intentar ser amigos.

Cómo quiere Aries que le quieran

Directo hasta el extremo, espera que le quieran tal y como es y acostumbra a llevar el corazón en la mano, lo que puede hacerle ocasional e inesperadamente vulnerable dado que es un signo de fuego luchador. No es muy dado a flirtear o coquetear y, como tiende a tomarse las cosas de forma muy literal, el exceso de sutileza o de ambigüedad puede confundirlo. Aries funciona sobre la base de que lo que se ve es lo que hay y puede ser demasiado obvio para quienes consideran demasiado exigente esta expresión tan directa o asustar a las personas más sensibles. Sin embargo, la lealtad es fundamental para Aries y una vez ha entregado su corazón, espera que le paguen con la misma moneda. De no ser así, es posible que la decepción lo lleve a terminar rápidamente con la relación. Puede estar dispuesto a dar una segunda oportunidad a su pareja si lo decepciona, pero en raras ocasiones concederá una tercera.

Como tiende a decir lo que quiere en lugar de esperar que el otro le lea la mente, la pareja de Aries no tendrá dificultades en saber cómo quiere que le quieran. Lo único que deberá tener en cuenta es que, a pesar de su anhelo de lealtad y de compromiso, y de su desconfianza hacia quienes juegan en equipo, a Aries le gustan los retos. Por lo tanto, lo que quiere en realidad es la seguridad del compromiso con la emoción añadida de un poco de impredictibilidad que añada sal al *status quo*.

Tampoco le satisface una pareja que se deje pisotear. Aunque quiere hacer las cosas a su manera, espera que su pareja defienda su postura y no teme la confrontación, a pesar de que no le guste. Sus enfados acostumbran a ser breves y tampoco es un signo rencoroso. Las reconciliaciones son siempre la mejor parte de las discusiones.

¿Conclusión? Mientras Aries se sienta comprometido con la relación, esperará lealtad y adoración absolutas, aunque no necesita estar en proximidad física de su pareja todo el tiempo. Tiende a ser confiado hasta que las circunstancias o la intuición le dicen lo contrario, momento en el que desconfiará o cortará rápidamente todos los vínculos. Aries espera una respuesta inmediata a sus mensajes o sus llamadas, como un niño que exige atención, pero a pesar de todo, no pide nada que él no esté dispuesto a hacer, por lo que es uno de los signos solares más fáciles de amar.

TRES CONSEJOS PARA AMAR A ARIES

* Por contradictorio que pueda parecer, Aries necesita libertad y seguridad.
* No teme las discusiones, porque no le cuesta reconciliarse después.
* No siempre es fácil flirtear con Aries, porque tiende a tomárselo todo literalmente.

La vida sexual de Aries

Para Aries, el sexo es algo muy sencillo que, además, puede ser independiente de la necesidad de ser querido. Esto no significa que sea promiscuo, sino que reconoce que el sexo es placentero por sí mismo, ya sea con un compañero de vida, con un amante, con un amigo o incluso en una relación pasajera. Aries cree que el cuerpo es su aliado y no teme conectar con su físico, sea cual sea su tipo. Es posible que no quiera inundar de luz el dormitorio, pero le gusta ver a su pareja y responder a sus necesidades, porque disfruta del placer del otro tanto como del propio.

Se siente seguro expresando sus necesidades sexuales, por lo que puede parecer demasiado exigente o dominante a tipos más reservados. Esta energía sexual acostumbra a ser evidente en el modo en que se mueve y se comunica fuera del dormitorio y exuda una seguridad física que puede ser muy atractiva. El aventurero Aries tampoco suele ser demasiado previsible sexualmente: los juguetes eróticos pueden formar parte de su repertorio y sus parejas no deberían sorprenderse si se encuentran con juegos y escenificaciones en el dormitorio.

III. Quiero

saber más

Tu signo solar nunca te ofrece la imagen completa. En este apartado, aprenderás a leer los matices de tu carta astral y accederás a otro nivel de conocimientos astrológicos.

Tu carta astral

Tu carta astral es una instantánea de un momento concreto, en un lugar concreto, en el preciso momento de tu nacimiento y, por lo tanto, es absolutamente individual. Es como un plano, un mapa o un certificado de existencia que plantea rasgos e influencias que son posibles, pero que no están escritos en piedra. Es una herramienta simbólica a la que puedes recurrir y que se basa en las posiciones de los planetas en el momento de tu nacimiento. Si no tienes acceso a un astrólogo, ahora cualquiera puede obtener su carta astral en línea en cuestión de minutos (en la p. 108 encontrarás una lista de sitios y de aplicaciones para ello). Incluso si desconoces la hora exacta de tu nacimiento, saber la fecha y el lugar de nacimiento basta para confeccionar las bases de una plantilla útil.

Recuerda que en astrología nada es intrínsecamente bueno ni malo y que no hay tiempos ni predicciones explícitas: se trata más de una cuestión de influencias y de cómo estas pueden afectarnos, ya sea positiva o negativamente. Y si disponemos de cierta información y de herramientas con las que abordar, ver o interpretar nuestras circunstancias y nuestro entorno, tenemos algo con lo que empezar.

Vale la pena que, cuando leas tu carta astral, entiendas todas las herramientas que la astrología pone a tu alcance; no solo los signos astrológicos y lo que cada uno de ellos representa, sino también los 10 planetas que menciona la astrología y sus características individuales, además de las 12 casas y lo que significan. Por separado, estas herramientas ofrecen un interés pasajero, pero cuando empieces a ver cómo encajan las unas con las otras y se yuxtaponen, la imagen global te resultará más accesible y empezarás a desentrañar información que te puede resultar muy útil.

Hablando en términos generales, cada uno de los planetas sugiere un tipo distinto de energía, los signos zodiacales proponen distintas maneras en que esa energía se puede manifestar y las casas representan áreas de experiencia en las que puede operar dicha manifestación.

Lo siguiente que debemos añadir son las posiciones de los signos en cuatro puntos clave: el ascendente y su opuesto, el descendente; y el medio cielo y su opuesto, el fondo del cielo, por no mencionar los distintos aspectos que generan las congregaciones de signos y planetas.

Ahora será posible ver lo sutil que puede llegar a ser la lectura de una carta astral, lo infinita que es su variedad y lo altamente específica que es para cada persona. Con esta información y una comprensión básica del significado simbólico y de las influencias de los signos, los planetas y las casas de tu perfil astrológico único, puedes empezar a usar estas herramientas para que te ayuden a tomar decisiones en distintos aspectos de la vida.

Cómo leer tu carta astral

Si ya tienes tu carta astral, ya sea manuscrita o por un programa en línea, verás un círculo dividido en 12 segmentos, con información agrupada en varios puntos que indican la posición de cada signo zodiacal, en qué segmento aparecen y hasta qué punto. Independientemente de las características relevantes para cada uno, todas las cartas siguen el mismo patrón a la hora de ser interpretadas.

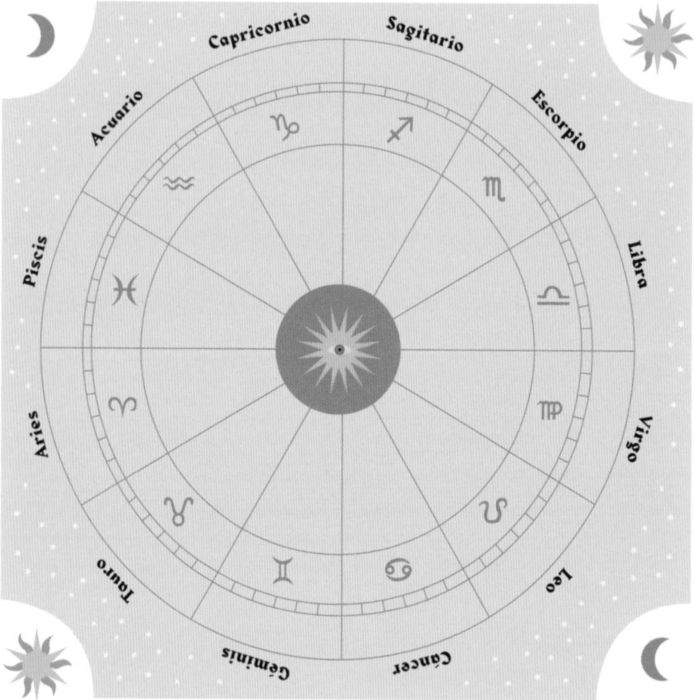

La carta astral se elabora a partir de la hora y el lugar de nacimiento y de la posición de los planetas en ese momento.

Si piensas en la carta astral como en una esfera de reloj, la primera casa (en las pp. 95-99 hablo de las casas astrológicas) empieza en el 9 y se sigue a partir de ahí en sentido antihorario, desde la primera casa hasta la duodécima, pasando por los 12 segmentos de la carta.

El punto inicial, el 9, es también el punto por el que el Sol sale en tu vida y te da el ascendente. Enfrente, en el 3 de la esfera del reloj, encontrarás el signo descendente. El medio cielo (MC) está en el 12 y su opuesto, el fondo del cielo (IC) está en el 6 (más información en las pp. 101-102).

Entender la importancia de las características de los signos zodiacales y de los planetas, de sus energías concretas, de sus ubicaciones y de sus relaciones entre ellos puede ayudarnos a entendernos mejor, tanto a nosotros mismos como a los demás. En nuestra vida cotidiana, la configuración cambiante de los planetas y de sus efectos también se entiende mucho mejor con un conocimiento básico de astrología y lo mismo sucede con las pautas recurrentes que unas veces refuerzan y otras entorpecen oportunidades y posibilidades. Si trabajamos con estas tendencias, en lugar de contra ellas, podemos hacer que nuestra vida sea más fácil y, en última instancia, más exitosa.

El efecto de la Luna

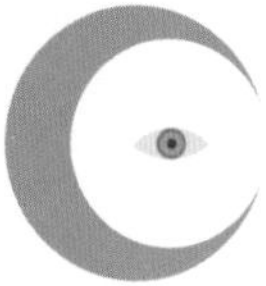

Si tu signo solar representa la conciencia, la fuerza vital y la voluntad individual, la Luna representa la faceta de tu personalidad que tiendes a mantener más oculta, o en secreto. Estamos en el territorio del instinto, de la creatividad y del inconsciente que, en ocasiones, nos llevan a lugares que nos cuesta entender. Esto es lo que otorga tanta sutileza y tantos matices a la personalidad, mucho más allá del signo solar. Es posible que tengas el Sol en Aries y todo lo que eso significa, pero eso puede verse contrarrestado por una Luna muy empática y emocional en Cáncer; o quizás tengas el Sol en el efusivo Leo, pero también la Luna en Acuario, con la rebeldía y el desapego emocional que eso supone.

Las fases de la Luna

La Luna orbita alrededor de la Tierra y tarda unos 28 días en dar una vuelta completa. Como vemos más o menos Luna en función de cuánta luz del Sol refleje, nos da la impresión de que crece y decrece. Cuando la Luna es nueva para nosotros, la vemos como un mero filamento. A medida que crece, refleja más luz y pasa de luna creciente a cuarto creciente y de ahí a luna gibosa creciente y a luna llena. Entonces, empieza a decrecer y pasa a gibosa menguante, luego a cuarto menguante, y vuelta a empezar. Todo esto sucede en el transcurso de cuatro semanas. Cuando tenemos dos Lunas llenas en un mes del calendario gregoriano, llamamos Luna azul a la segunda.

Cada mes, la Luna también recorre un signo astrológico, como sabemos por nuestras cartas astrales. Esto nos ofrece más información (una Luna en Escorpio puede ejercer un efecto muy distinto que una Luna en Capricornio) y, en función de nuestra carta astral, ejercerá una influencia distinta cada mes. Por ejemplo, si la Luna en tu carta astral está en Virgo, cuando la Luna astronómica entre en Virgo ejercerá una influencia adicional. Para más información, consulta las características de los signos (pp. 12-17).

El ciclo de la Luna tiene un efecto energético que podemos ver con claridad en las mareas oceánicas. Astrológicamente, como la Luna es un símbolo de fertilidad y, además, sintoniza con nuestra faceta psicológica más profunda, podemos usarla para centrarnos con mayor profundidad y creatividad en los aspectos de la vida que sean más importantes para nosotros.

Los eclipses

Hablando en términos generales, un eclipse ocurre cuando la luz de un cuerpo celeste queda tapada por otro. En términos astrológicos, esto dependerá de dónde estén el Sol y la Luna en relación con otros planetas en el momento del eclipse. Por lo tanto, si un eclipse solar está en la constelación de Géminis, ejercerá una influencia mayor sobre el Géminis zodiacal.

Que un área de nuestras vidas quede iluminada u oculta nos invita a que le prestemos atención. Los eclipses acostumbran a tener que ver con los principios y los finales y, por eso, nuestros antepasados los consideraban acontecimientos portentosos, señales importantes a las que había que hacer caso. Podemos saber con antelación cuándo ha de ocurrir un eclipse y están cartografiados astronómicamente; por lo tanto, podemos evaluar con antelación su significado astrológico y actuar en consecuencia.

Los 10 planetas

En términos astrológicos (no astronómicos, porque el Sol es en realidad una estrella), hablamos de 10 planetas y cada signo astrológico tiene un planeta regente. Mercurio, Venus y Marte rigen dos signos cada uno. Las características de cada planeta describen las influencias que pueden afectar a cada signo y toda esa información contribuye a la interpretación de la carta astral.

La Luna

Este signo es el principio opuesto del Sol, con el que forma una díada, y simboliza lo femenino, la contención y la receptividad, la conducta más instintiva y emotiva.

Rige el signo de Cáncer.

El Sol

El Sol representa lo masculino y simboliza la energía que da vida, lo que sugiere una energía paterna en la carta astral. También simboliza nuestra identidad, o ser esencial, y nuestro propósito vital.

Rige el signo de Leo.

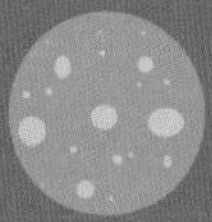

Mercurio

Mercurio es el planeta de la comunicación y simboliza la necesidad de dar sentido, entender y comunicar nuestros pensamientos mediante palabras.

Rige los signos de Géminis y Virgo.

Venus

El planeta del amor tiene que ver con la atracción, la conexión y el placer, y en la carta de una mujer simboliza su estilo de feminidad, mientras que en la de un hombre representa a su pareja ideal.

Rige los signos de Tauro y Libra.

Marte

Este planeta simboliza la energía pura (por algo Marte era el dios de la guerra), pero también nos dice en qué áreas podemos ser más asertivos o agresivos y asumir riesgos.

Rige los signos de Aries y Escorpio.

Saturno

En ocasiones, Saturno recibe el nombre de maestro sabio. Simboliza las lecciones aprendidas y las limitaciones, y nos muestra el valor de la determinación, la tenacidad y la fortaleza emocional.

Rige el signo de Capricornio.

Júpiter

Júpiter es el planeta más grande de nuestro sistema solar y simboliza la abundancia y la benevolencia, todo lo que es expansivo y jovial. Al igual que el signo que rige, también tiene que ver con alejarse de casa en viajes y misiones de exploración.

Rige el signo de Sagitario.

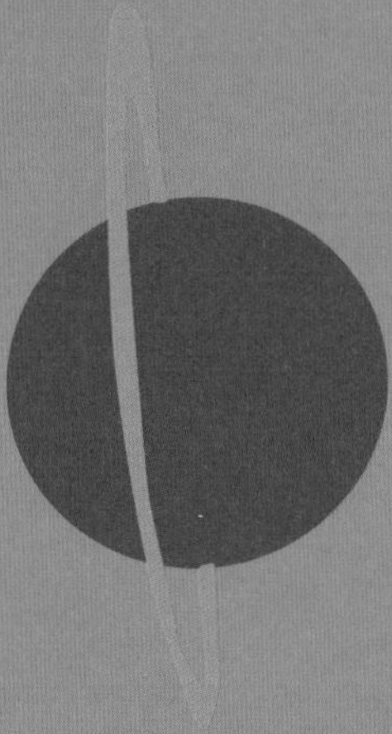

Urano

Este planeta simboliza lo inesperado, ideas nuevas e innovación, además de la necesidad de romper con lo viejo y recibir lo nuevo. Como inconveniente, puede indicar una dificultad para encajar y la sensación derivada de aislamiento.

Rige el signo de Acuario.

Plutón

Alineado con Hades (*Pluto*, en latín), el dios del inframundo o de la muerte, este planeta ejerce una fuerza muy potente que subyace a la superficie y que, en su forma más negativa, puede representar una conducta obsesiva y compulsiva.

Rige el signo de Escorpio.

Neptuno

Asociado al mar, trata de lo que hay bajo la superficie, bajo el agua y a tanta profundidad que no podemos verlo con claridad. Sensible, intuitivo y artístico, también simboliza la capacidad de amar incondicionalmente, de perdonar y olvidar.

Rige el signo de Piscis.

Los cuatro elementos

Si agrupamos los doce signos astrológicos según los cuatro elementos de tierra, fuego, aire y agua, accedemos a más información que, esta vez, nos remonta a la medicina de la antigua Grecia, cuando se creía que el cuerpo estaba compuesto por cuatro fluidos o «humores» corporales. Estos cuatro humores (sangre, bilis amarilla, bilis negra y flema) se correspondían con los cuatro temperamentos (sanguíneo, colérico, melancólico y flemático), las cuatro estaciones del año (primavera, verano, otoño e invierno) y los cuatro elementos (aire, fuego, tierra y agua).

Si las relacionamos con la astrología, estas cualidades simbólicas iluminan más las características de los distintos signos. Carl Jung también las usó en su psicología y aún decimos de las personas que son terrenales, ardientes, aéreas o escurridizas en su actitud ante la vida, mientas que a veces decimos que alguien «está en su elemento». En astrología, decimos que los signos solares que comparten un mismo elemento son afines, es decir, que se entienden bien.

Al igual que sucede con todos los aspectos de la astrología, siempre hay una cara y una cruz, y conocer la «cara oscura» nos puede ayudar a conocernos mejor y a determinar qué podemos hacer para mejorarla o equilibrarla, sobre todo en nuestras relaciones con los demás.

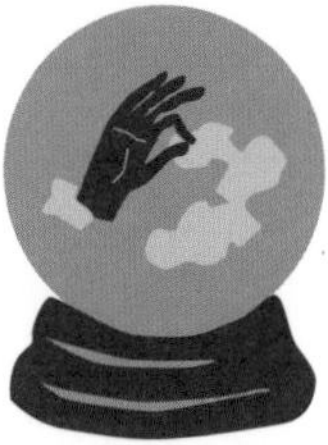

Aire

GÉMINIS ✱ LIBRA ✱ ACUARIO

Estos signos destacan en el terreno de las ideas. Son perceptivos, visionarios y capaces de ver la imagen general y cuentan con una cualidad muy reflexiva que los ayuda a destensar situaciones. Sin embargo, demasiado aire puede disipar las intenciones, por lo que Géminis puede ser indeciso, Libra tiende a sentarse a mirar desde la barrera y Acuario puede desentenderse de la situación.

Fuego

ARIES ✱ LEO ✱ SAGITARIO

Estos signos despiden calidez y energía y se caracterizan por una actitud positiva, una espontaneidad y un entusiasmo que pueden ser muy inspiradores y motivadores para los demás. La otra cara de la moneda es que Aries tiende a precipitarse, Leo puede necesitar ser el centro de atención y Sagitario puede tender a hablar mucho y actuar poco.

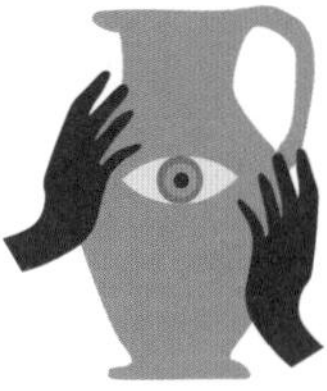

Tierra

TAURO ✱ VIRGO ✱ CAPRICORNIO

Estos signos se caracterizan por disfrutar de los placeres sensuales, como la comida y otras satisfacciones físicas, y les gusta tener los pies en el suelo, por lo que prefieren basar sus ideas en hechos. El inconveniente es que Tauro puede parecer testarudo, Virgo puede ser un tiquismiquis y Capricornio puede tender a un conservadurismo empedernido.

Agua

CÁNCER ✱ ESCORPIO ✱ PISCIS

Los signos de agua son muy sensibles al entorno, como el vaivén de la marea, y pueden ser muy perceptivos e intuitivos, a veces hasta niveles asombrosos, gracias a su sensibilidad. La otra cara de la moneda es que tienden a sentirse abrumados y Cáncer puede tender tanto a la tenacidad como a protegerse a sí mismo, Piscis parecerse a un camaleón en su manera de prestar atención y Escorpio ser impredecible e intenso.

Signos mutables, fijos y cardinales

Además de clasificarlos según los cuatro elementos, también podemos agrupar los signos en función de las tres maneras en las que sus energías pueden actuar o reaccionar. Así, las características específicas de cada signo adquieren más profundidad.

Cardinales

ARIES ✱ CÁNCER ✱ LIBRA ✱ CAPRICORNIO

Son signos de acción, con una energía que toma la iniciativa y hace que las cosas comiencen. Aries tiene la visión; Cáncer, la emoción; Libra, los contactos, y Capricornio, la estrategia.

Fijos

TAURO ✶ LEO ✶ ESCORPIO ✶ ACUARIO

Más lentos, pero también más tenaces, estos signos trabajan para desarrollar y mantener las iniciativas que han lanzado los signos cardinales. Tauro ofrece consuelo físico; Leo, lealtad; Escorpio, apoyo emocional, y Acuario, buenos consejos. Podemos confiar en los signos fijos, aunque tienden a resistirse al cambio.

Mutables

GÉMINIS ✶ VIRGO ✶ SAGITARIO ✶ PISCIS

Son signos capaces de amoldarse a ideas, lugares y personas nuevos, tienen una capacidad única para adaptarse a su entorno. Géminis tiene una gran agilidad mental; Virgo es práctico y versátil; Sagitario visualiza las posibilidades, y Piscis es sensible al cambio.

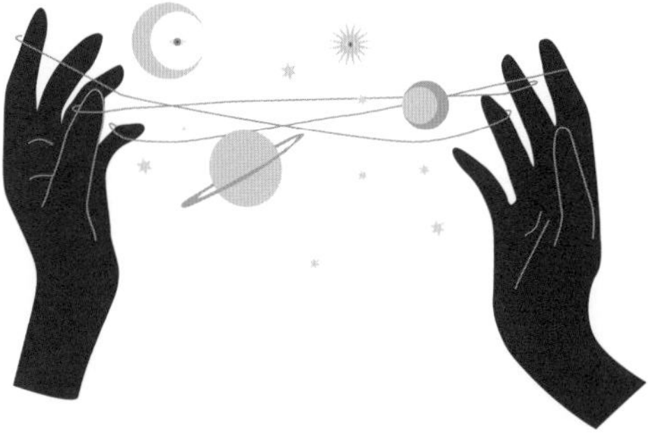

Las 12 casas

La carta astral se divide en 12 casas, que representan otras tantas áreas y funciones en la vida. Cuando nos dicen que tenemos algo en una casa específica, como por ejemplo Libra (equilibrio) en la quinta casa (creatividad y sexo), podemos interpretar de un modo determinado las influencias que pueden surgir y que son específicas a la forma en que podemos abordar ese aspecto de nuestra vida.

Cada casa se asocia a un signo solar y, por lo tanto, cada una representa algunas de las características de ese signo, del que decimos que es su regente natural.

Se considera que tres de estas casas son místicas y tienen que ver con nuestro mundo interior, o psíquico: la cuarta (hogar), la octava (muerte y regeneración) y la duodécima (secretos).

1.ª casa

LA IDENTIDAD

REGIDA POR ARIES

Esta casa simboliza la personalidad: tú, quién eres y cómo te representas, qué te gusta y qué no, y tu manera de entender la vida. También representa cómo te ves y lo que quieres de la vida.

2.ª casa

LOS RECURSOS

REGIDA POR TAURO

La segunda casa simboliza tus recursos personales, lo que posees, incluido el dinero, y cómo te ganas la vida y adquieres tus ingresos. También tu seguridad material y las cosas físicas que llevas contigo a medida que avanzas por la vida.

3.ª casa

LA COMUNICACIÓN

REGIDA POR GÉMINIS

Esta casa habla de la comunicación y de la actitud mental y, sobre todo, de cómo te expresas. También de cómo encajas en tu familia y de cómo te desplazas a la escuela o al trabajo e incluye cómo piensas, hablas, escribes y aprendes.

4.ª casa

EL HOGAR

REGIDA POR CÁNCER

Esta casa habla de tus raíces, de tu hogar u hogares presentes, pasados y futuros, por lo que comprende tanto tu infancia como tu situación doméstica actual. También de lo que el hogar y la seguridad representan para ti.

5.ª casa

LA CREATIVIDAD

REGIDA POR LEO

Descrita como la casa de la creatividad y del juego, también comprende el sexo y se asocia al instinto creativo y a la libido en todas sus manifestaciones. También incluye la especulación en las finanzas y el amor, los juegos, la diversión y el afecto: todo lo referente al corazón.

6.ª casa

LA SALUD

REGIDA POR VIRGO

Esta casa tiene que ver con la salud, la física y la mental, y lo sólidas que son: tanto las nuestras como las de las personas a las que queremos, cuidamos o apoyamos, desde familiares hasta compañeros de trabajo.

7.ª casa

LAS RELACIONES

REGIDA POR LIBRA

Esta casa, opuesta a la primera, refleja los objetivos compartidos y las relaciones íntimas, tu elección de pareja y lo exitosas que pueden ser las relaciones. También refleja las asociaciones y los adversarios en tu mundo profesional.

8.ª casa

LA REGENERACIÓN Y LA MUERTE

REGIDA POR ESCORPIO

Entiende «muerte» como regeneración o transformación espiritual: esta casa también representa los legados y lo que heredas después de la muerte, tanto en rasgos de personalidad como materialmente hablando. Y como la regeneración necesita sexo, esta casa también es la del sexo y las emociones sexuales.

9.ª casa

LOS VIAJES

REGIDA POR SAGITARIO

Esta es la casa de los viajes a larga distancia y de la exploración, así como de la apertura de mente que el viaje puede traer consigo y de cómo se expresa. También refleja la difusión de ideas, que puede traducirse en esfuerzos literarios o de publicación.

10.ª casa

LAS ASPIRACIONES

REGIDA POR CAPRICORNIO

Representa nuestras aspiraciones y nuestro estatus social, cuán arriba (o no) deseamos estar socialmente, nuestra vocación y nuestra imagen pública y lo que nos gustaría conseguir en la vida mediante nuestro propio esfuerzo.

11.ª casa

LAS AMISTADES

REGIDA POR ACUARIO

La undécima casa representa los grupos de amistades y de conocidos, la visión y las ideas. No trata de la gratificación inmediata, sino de los sueños a largo plazo y de cómo estos se pueden hacer realidad si somos capaces de trabajar en armonía con los demás.

12.ª casa

LOS SECRETOS

REGIDA POR PISCIS

Se la considera la casa más espiritual y es también la del inconsciente, los secretos y lo que puede estar oculto; es el metafórico esqueleto en el armario. También refleja las maneras encubiertas en que podemos sabotearnos a nosotros mismos y bloquear nuestro propio esfuerzo negándonos a explorarlo.

El ascendente

El ascendente es el signo del Zodíaco que aparece en el horizonte justo al alba del día en que nacemos y depende del lugar y de la hora de nacimiento. Por eso, cuando hablamos de astrología resulta útil conocer la hora de nacimiento, porque el ascendente ofrece mucha información acerca de los aspectos de tu personalidad que son más evidentes, de cómo te presentas y de cómo te perciben los demás. Por lo tanto, aunque tu signo solar sea Aries, si tienes ascendente Cáncer es posible que se te perciba como a una persona con instinto maternal, con un compromiso significativo con la vida doméstica, en un sentido o en otro. Conocer tu ascendente (o el de otra persona) te puede ayudar a entender por qué da la impresión de que no hay una relación directa entre la personalidad y el signo solar.

Si sabes la hora y el lugar en que naciste, calcular el ascendente con una herramienta en línea o una aplicación es muy fácil (p. 108). Pregúntale a tu madre o a algún familiar o consulta tu partida de nacimiento. Si la carta astral fuera una esfera de reloj, el ascendente estaría en el 9.

El descendente

El descendente nos da una indicación de un posible compañero de vida, a partir de la idea de que los opuestos se atraen. Una vez conocido el ascendente, calcular el descendente es muy sencillo, porque siempre está a seis signos de distancia. Así, si tu ascendente es Virgo, tu descendente es Piscis. Si la carta astral fuera una esfera de reloj, el descendente estaría en el 3.

El medio cielo (MC)

La carta astral también indica la posición del medio cielo (del latín *medium coeli*), que refleja tu actitud hacia el trabajo, la carrera profesional y tu situación profesional. Si la carta astral fuera una esfera de reloj, el MC estaría en el 12.

El fondo de cielo (IC)

Para terminar, el fondo de cielo (o IC, por el latín *imum coeli*, que alude a la parte inferior del cielo), refleja tu actitud hacia el hogar y la familia y también tiene que ver con el final de tu vida. Tu IC está enfrente de tu MC. Por ejemplo, si tu MC es Acuario, tu IC será Leo. Si la carta astral fuera una esfera de reloj, el IC estaría en el 6.

El retorno de Saturno

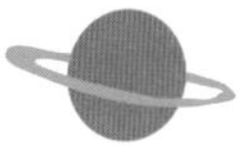

Saturno es uno de los planetas más lentos y tarda unos 28 años en completar su órbita alrededor del Sol y regresar al lugar que ocupaba cuando naciste. Este regreso puede durar entre dos y tres años y es muy evidente en el periodo previo al trigésimo y el sexagésimo aniversarios, a los que acostumbramos a considerar cumpleaños importantes.

Como en ocasiones la energía de Saturno puede resultar muy exigente, no siempre son periodos fáciles en la vida. Saturno es un maestro sabio o un supervisor estricto y algunos consideran que el efecto de Saturno es «cruel para ser amable», al igual que los buenos maestros, y nos mantiene en el camino como un entrenador personal riguroso.

Cada uno experimenta el retorno de Saturno en función de sus circunstancias personales, pero es un buen momento para recapacitar, abandonar lo que ya no nos sirve y reconsiderar nuestras expectativas, al tiempo que asumimos con firmeza qué nos gustaría añadir a nuestra vida. Por lo tanto, si estás pasando, o a punto de pasar, por este evento vital, recíbelo con los brazos abiertos y aprovéchalo, porque lo que aprendas ahora (acerca de ti mismo, fundamentalmente) te será muy útil, por turbulento que pueda llegar a ser, y puede rendir dividendos en cómo gestionas tu vida durante los próximos 28 años.

La retrogradación de Mercurio

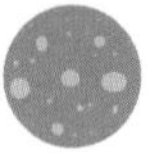

Incluso las personas a quienes la astrología no interesa demasiado se dan cuenta de cuándo Mercurio se encuentra retrógrado. Astrológicamente, la retrogradación es un periodo en el que los planetas están estacionarios pero, como nosotros seguimos avanzando, da la impresión de que retroceden. Antes y después de cada retrogradación hay un periodo de sombra en el que podríamos decir que Mercurio ralentiza o acelera su movimiento y que también puede ser turbulento. En términos generales, se aconseja no tomar ninguna decisión relativa a la comunicación durante una retrogradación y, si se acaba tomando, hay que tener en cuenta que es muy posible que no sea la definitiva.

Como Mercurio es el planeta de la comunicación, es fácil entender por qué preocupa su retrogradación y la relación de esta con los fracasos comunicativos (ya sean del tipo más tradicional, como cuando enviábamos una carta y se perdía, o la variedad más moderna, como cuando el ordenador se cuelga y nos causa problemas).

La retrogradación de Mercurio también puede afectar a los viajes, por ejemplo con retrasos en los vuelos o los trenes, atascos de tráfico o accidentes. Mercurio también influye en las comunicaciones personales –escuchar, hablar, ser escuchado (o no)– y puede provocar confusión y discusiones. También pude afectar a acuerdos más formales, como contratos de compraventa.

Estos periodos retrógrados ocurren tres o cuatro veces al año y duran unas tres semanas, con un periodo de sombra antes y después. En función de cuándo sucedan, coincidirán con un signo astrológico específico. Si, por ejemplo, ocurre entre el 25 de octubre y el 15 de noviembre, su efecto tendrá que ver con las características de Escorpio. Por otro lado, las personas cuyo signo solar sea Escorpio o que tengan a Escorpio en lugares importantes de su carta, experimentarán un efecto más intenso.

Es fácil encontrar las fechas de retrogradación de Mercurio en tablas astrológicas, o efemérides, y en línea: se pueden usar para evitar planificar en esas fechas eventos que se pudieran ver afectados. Para saber cómo la retrogradación de Mercurio te puede afectar más personalmente, necesitas conocer bien tu carta astral y entender las combinaciones más específicas de los signos y los planetas en la misma.

Si quieres superar con más tranquilidad una retrogradación de Mercurio, has de tener presente la probabilidad de que surjan problemas, así que, en lo posible, prevé que habrá algún retraso y comprueba los detalles un par de veces o tres. No pierdas la actitud positiva si algo que esperabas se pospone y entiende este periodo como una oportunidad para hacer una pausa, repasar y reconsiderar ideas tanto en tu vida personal como en la profesional. Aprovecha el tiempo para corregir errores o reajustar planes, para estar preparado cuando la energía se desbloquee y todo pueda fluir con más facilidad.

Agradecimientos

Quiero transmitir un agradecimiento especial a mi fiel equipo de Tauros. En primer lugar, a Kate Pollard, directora editorial, por su pasión por los libros maravillosos y por haber encargado esta colección. Y a Bex Fitzsimons, por su edición tan benévola como meticulosa. Y, finalmente, a Evi O. Studio, cuyo talento dibujando e ilustrando han producido estas pequeñas obras de arte. Con un equipo tan lleno de estrellas, estos libros no pueden más que brillar. Y os doy las gracias por eso.

Acerca de la autora

Stella Andromeda estudia astrología desde hace más de treinta años y está convencida de la utilidad de conocer las constelaciones celestes y sus posibles interpretaciones psicológicas. La traducción de sus estudios en libros ofrece una visión moderna y accesible de la antigua sabiduría de las estrellas, que transmite su firme convicción de que la reflexión y el autoconocimiento nos hacen más fuertes. Con su sol en Tauro, ascendente Acuario y Luna en Cáncer, utiliza la tierra, el aire y el agua para inspirar su viaje astrológico personal.

La edición original de esta obra ha sido publicada en
el Reino Unido en 2019 por Hardie Grant Books, sello editorial
de Hardie Grant Publishing, con el título

Aries: A Guide To Living Your Best Astrological Life

Traducción del inglés
Montserrat Asensio

Diagonal, 402 – 08037 Barcelona
www.cincotintas.com

Primera edición: *febrero de 2020*

Impreso en China
Depósito legal: B 24037-2019
Código Thema: VXFAI

ISBN 978-84-16407-71-2

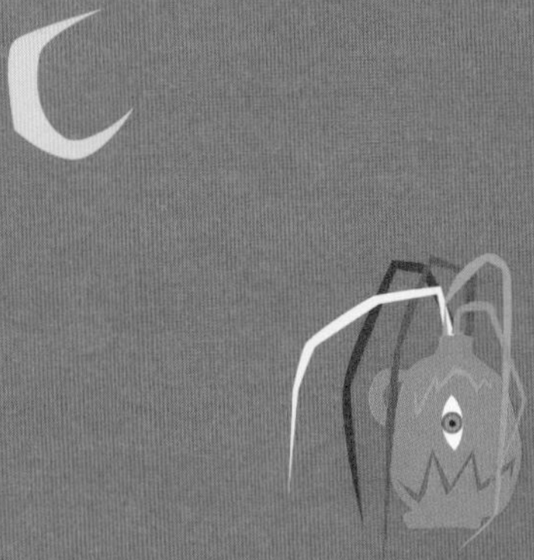